まちごとチャイナ

Hong Kong 004 Tsimshatsui
尖沙咀と九龍市街

ネイザン・ロード と「不夜城」

Asia City Guide Production

【白地図】香港

CHINA
香港

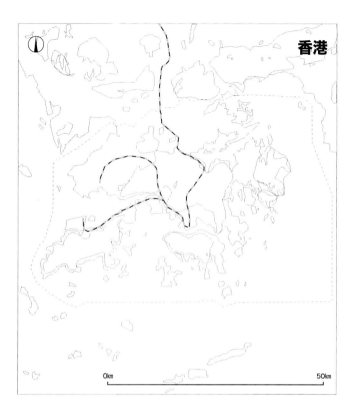

【白地図】香港中心部

CHINA
香港

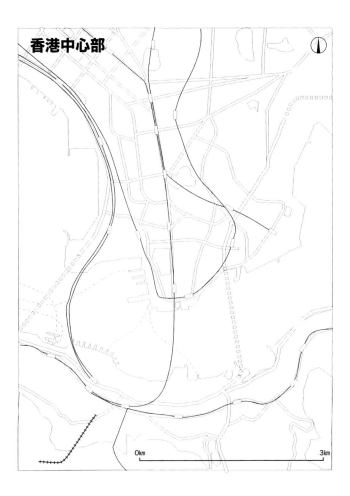

【白地図】チムサアチョイ尖沙咀

【白地図】半島先端部

CHINA
香港

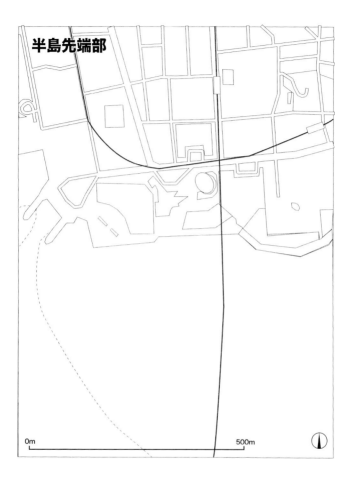

【白地図】彌敦道ネイザン・ロード

CHINA
香港

彌敦道
ネイザン・ロード

Tsimshatsui 白地図

【白地図】重慶大廈

CHINA
香港

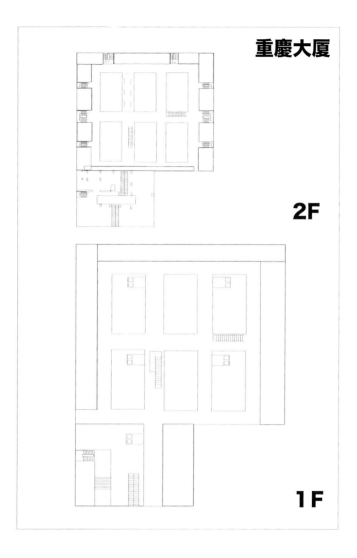

【白地図】ヤウマティ油麻地

【白地図】男人街（廟街）

CHINA
香港

男人街（廟街）

Tsimshatsui 白地図

【白地図】モンコック旺角

CHINA
香港

【白地図】女人街（通菜街）

CHINA
香港

女人街（通菜街）

Tsimshatsui　白地図

【白地図】ウエストクーロン九龍（西九龍）

CHINA
香港

ウエストクーロン
九龍（西九龍）

【白地図】ホンハム紅磡

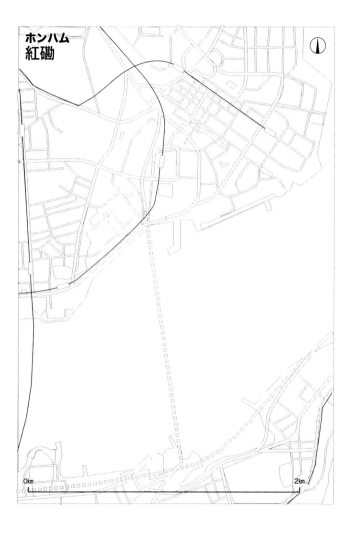

【まちごとチャイナ】
香港 001 はじめての香港
香港 002 中環と香港島北岸
香港 003 上環と香港島南岸
香港 004 尖沙咀と九龍市街
香港 005 九龍城と九龍郊外
香港 006 新界
香港 007 ランタオ島と島嶼部

CHINA
香港

中国大陸の東南部から南海へ向かって伸びる九龍半島。その先端に位置する尖沙咀、油麻地、旺角などの市街部は、もっとも香港らしい場所のひとつで、通りの両側の建物からは看板が突き出し、密集して建物がならぶ。

これら尖沙咀、油麻地、旺角といった街をネイザン・ロードが南北につらぬき、夜になれば赤、黄、緑など強いネオンを放つ「黄金の1マイル」と言われる景観をつくる。香港でもっとも華やかな通りのにぎわいは、絶えることがなく、街は24時間休まない「不夜城」と呼ばれている。

ネイザン・ロードと「不夜城」
尖沙咀チムサアチョイ Tsim Sha Tsui

　こうした街の性格は、広東人はじめ、インド人、ユダヤ人などさまざまな土地から流入してきた多様な人々によって育まれてきた。成功への渇望や拝金主義、あらゆるものを食べるという食文化。九龍市街では「躍動」「エネルギッシュ」といった言葉が似合う、生身の香港や人々の営みを見ることができる。

【まちごとチャイナ】
香港004 尖沙咀と九龍市街

目次

尖沙咀と九龍市街 …………………………………… xxvi

極彩色で彩られた世界 ………………………………… xxxii

尖沙咀城市案内………………………………………… xxxix

彌敦道城市案内 ………………………………………… lv

油麻地城市案内………………………………………… lxxi

旺角城市案内…………………………………………… lxxxv

西九龍城市案内………………………………………… xcviii

紅磡城市案内…………………………………………… cvii

世界最高峰の「食都」 …………………………………… cxvi

【MEMO】

【地図】香港

CHINA
香港

極彩色で彩られた世界

CHINA
香港

ネイザン・ロードの両脇から突き出した看板
その下を行き交う無数の車や人
街は 24 時間動き続ける

九龍とは

中国広東省から香港島に向かって伸びる九龍半島。1860年にイギリスに割譲された先端の市街部九龍と、その後、租借された後背地の新界からなる（20世紀になって急速に半島の東西両岸が埋め立てられ、今ではもとの海岸線の面影はない）。イギリスの植民都市という性格が強かった香港島に対して、香港黎明期から中国人が住み着いたのが九龍で、香港人の生活が息づく街並みが広がっている。この九龍の中心をネイザン・ロードが南北に走り、尖沙咀から九龍と新界の境である界隈街まで通りは続いている（ネイザン・ロードの走

Tsimshatsui 極彩色で彩られた世界

▲左　九龍には地元香港人が通う料理店がいくつもならぶ。　▲右　ど派手な看板が通りに突き出す

るところが九龍)。尖沙咀、油麻地、旺角といった九龍市街部は世界でも有数の人口密度をもつ地域とされ、またその周辺にあたる深水埗、九龍城、黄大仙なども開発が進んでいる。

九龍の歴史

1842年、アヘン戦争後の南京条約で香港島を割譲させたイギリスは、1860年、アロー号事件後の北京条約で九龍半島先端部を獲得し、ヴィクトリア・ハーバーを南北から支配することに成功した(イギリスはその後の条約で、さらに北の新界を獲得している)。19世紀、九龍一帯は香木が生い茂り、漁

CHINA
香港

村がわずかにあるだけだったが、南北に走るネイザン・ロードが整備され、イギリスによる開発がはじまった。通り沿いに教会やホテルが建てられ、その西側の海岸沿いに面した地域に中国人街がつくられた（香港島にくらべると開発は遅れ、20世紀初頭になってもわずかに市街地がある程度だった）。大平天国の乱や日中戦争など中国大陸で動乱があるたびに、難民が流入を続け、多くの中国人が九龍に暮らすようになった。

看板と繁体字

ネイザン・ロードはじめ九龍を彩るのが、通りの両脇から競

Tsimshatsui 極彩色で彩られた世界

▲左　夜、ネオンに彩られた街。　▲右　なんでもそろう買い物天国の香港

うように突き出た看板で、香港を象徴する光景のひとつにあげられる。より目立つようにさまざまな工夫がされた極彩色の看板は、夜になるとネオンを放ち、中国本土とは異なる繁体字が使われている（中華人民共和国成立後、中国本土では難解な漢字を簡素にした簡体字が使われるようになった）。「中國（中国）」や「灣仔（湾仔）」といった繁体字は、香港のほか、台湾や日本などでも見られる。この繁体字が踊る光景は、南方の広東語（中国全土で普及した北京語ではなく）と英語がおもに使われる言葉とともに、香港ならではのものだと言える。

【地図】香港中心部

【地図】香港中心部の［★★★］
- ☐ 尖沙咀 Tsim Sha Tsui チムサアチョイ
- ☐ 彌敦道 Nathan Road ネイザン・ロード
- ☐ 油麻地 Yau Ma Tei ヤウマティ
- ☐ 旺角 Mong Kok モンコック
- ☐ 環球貿易廣場 International Commerce Centre インターナショナル・コマース・センター（スカイ 100）

【地図】香港中心部の［★★☆］
- ☐ 天星碼頭 Star Ferry Pier スターフェリー・ピア
- ☐ 天后廟 Tin Hau Miu ティンハンミュウ
- ☐ 紅磡 Hung Hom ホンハム

【地図】香港中心部の［★☆☆］
- ☐ 西九龍 West Kowloon ウエスト・クーロン
- ☐ 九廣鐵路紅磡站 Kowloon Canton Railway Hung Hom Staition 九広鉄路ホンハム駅
- ☐ 土瓜灣 To Kwa Wan トクヮワン

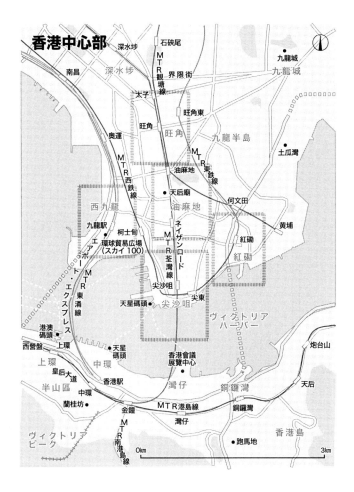

【MEMO】

Guide,
Tsim Sha Tsui
尖沙咀
城市案内

九龍半島の先端が尖沙咀
対岸には香港島の摩天楼が見え
スター・フェリーが両岸を結ぶ

尖沙咀 Tsim Sha Tsui チムサアチョイ［★★★］

香港島に向かって突き出した九龍半島先端に位置する尖沙咀。尖沙咀という地名は、この地が「とがったクチバシ」のようなかたちをもつことに由来する（今は東西の海岸線が埋め立てられたため、あまりとがっていない）。尖沙咀から九龍半島をつらぬくようにネイザン・ロードが走っていて、通りの両側からかかげられた看板や、夜の鮮やかなネオンはもっとも香港的な世界だと言われる。またヴィクトリア・ハーバーに面して、ザ・ペニンシュラ、文化センターや美術館などの大型建築が立ち、対岸にそびえ立つ香港島の超高層ビル群の美しい姿が見られる。

【地図】チムサアチョイ尖沙咀

【地図】チムサアチョイ尖沙咀の [★★★]
- ☐ 尖沙咀 Tsim Sha Tsui チムサアチョイ
- ☐ 彌敦道 Nathan Road ネイザン・ロード
- ☐ 重慶大廈 Chungking Mansions チョンキンマンション
- ☐ 環球貿易廣場 International Commerce Centre インターナショナル・コマース・センター（スカイ100）

【地図】チムサアチョイ尖沙咀の [★★☆]
- ☐ 香港半島酒店 The Peninsula ザ・ペニンシュラ
- ☐ 天星碼頭 Star Ferry Pier スターフェリー・ピア
- ☐ 前九廣鐵路鐘樓 Clock Tower クロック・タワー
- ☐ 星光大道 Aveneu of Stars アヴェニュー・オブ・スターズ
- ☐ 廣東道 Canton Rd 広東ロード
- ☐ 諾士佛臺 Knutsford Terrace ナッツフォード・テラス
- ☐ 紅磡 Hung Hom ホンハム

【地図】チムサアチョイ尖沙咀の [★☆☆]
- ☐ 尖東 Tsim Sha Tsui East チムトン
- ☐ 九龍公園 Kowloon Park 九龍パーク
- ☐ 佐敦 Jordan ジョーダン
- ☐ 香港體育館 Hong Kong Coliseum 香港コロシアム
- ☐ 香港科學館 Hong Kong Science Museum 香港科学博物館
- ☐ 香港歷史博物館 Hong Kong Museum of History ホンコンリッシボッマッグン

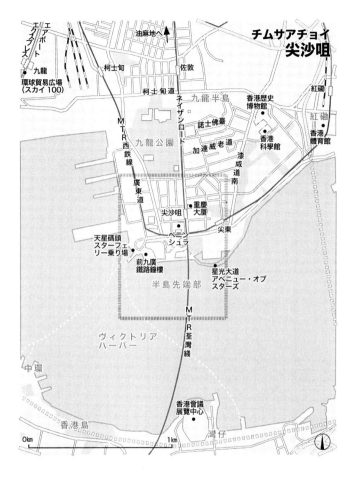

【地図】半島先端部

【地図】半島先端部の [★★★]
- ☐ 尖沙咀 Tsim Sha Tsui チムサアチョイ
- ☐ 彌敦道 Nathan Road ネイザン・ロード
- ☐ 重慶大廈 Chungking Mansions チョンキンマンション

【地図】半島先端部の [★★☆]
- ☐ 香港半島酒店 The Peninsula ザ・ペニンシュラ
- ☐ 天星碼頭 Star Ferry Pier スターフェリー・ピア
- ☐ 前九廣鐵路鐘樓 Clock Tower クロック・タワー
- ☐ 星光大道 Aveneu of Stars アヴェニュー・オブ・スターズ
- ☐ 廣東道 Canton Rd 広東ロード

【地図】半島先端部の [★☆☆]
- ☐ 香港文化中心 Hong Kong Cultural Centre 香港文化センター
- ☐ 香港太空館 Hong Kong Space Museum 香港スペース・ミュージアム
- ☐ 香港藝術館 Hong Kong Museum of Art 香港ミュージアム・オブ・アート
- ☐ 1881Heritage1881Heritage1881ヘリテージ
- ☐ 尖東 Tsim Sha Tsui East チムトン

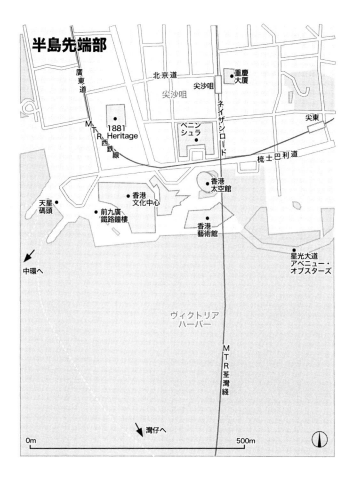

▲左 まっすぐ伸びるネイザン・ロード。　▲右 香港屈指の名門ホテル、ザ・ペニンシュラ

香港半島酒店 The Peninsula ザ・ペニンシュラ ［★★☆］

九龍半島先端部に立つザ・ペニンシュラは、1928年に開業して以来、香港最高の格式をもつホテルとして知られてきた。優雅な空間、瀟洒な家具を備え、イギリス領時代は「ザ・ペン」の愛称で親しまれ、イギリス紳士と淑女がアフタヌーン・ティーをたしなんだザ・ロビィは、今でも当時の面影を残している。古くは、ここから眺める香港島は絶景だったが、時代の移り変わりとともに前面に藝術館や大空館が建てられたため、ホテルの後背部が高層化された。また第二次大戦中（1941年〜45年）の日本軍の香港占領時代には、このザ・

【MEMO】

ペニンシュラに軍本部がおかれ、東亜ホテルと改名されていたという歴史もある。

天星碼頭 Star Ferry Pier スターフェリー・ピア［★★☆］
尖沙咀と香港島の中環、灣仔を結ぶスターフェリー乗り場、天星碼頭。両岸を結ぶ船は香港が割譲された1842年に運航されていたと言われ（インド人イスラム教徒の手による）、当時はまだ不定期便であったが、九龍半島がイギリスに割譲された1888年になると、イギリス人による木造船の運航がはじまり、やがてスターフェリーが登場した。以来、ヴィク

▲左　香港島と九龍半島を結ぶスター・フェリー。　▲右　香港は広東語、北京語、英語などが使われる国際都市

トリア・ハーバーをフェリーが行き交う様子は、100年以上に渡って、香港を代表する光景となっている。

前九廣鐵路鐘樓 Clock Tower クロック・タワー［★★☆］
九龍半島の先端部に立つ高さ44mの前九廣鐵路鐘樓。1910年、香港と広州を結ぶ九廣鐵路が敷かれ、1916年、香港側の駅舎がこの場所に完成した。やがて駅舎は移されたが、前九廣鐵路樓だけが残されている（紅磡に移った）。香港から広州、さらに大陸へと鉄道が続いていくことから、この地は象徴的に「世界への窓口」と見られていた。

香港文化中心
Hong Kong Cultural Centre 香港文化センター [★☆☆]

ヴィクトリア・ハーバーに面した埋め立て地に立つ香港文化中心。2000名を収容するホールをもち、クラシックのコンサートやオペラなどが催される。夜はライトアップされ、隣に立つ前九廣鐵路鐘樓とともに美しく浮かびあがる。

香港太空館 Hong Kong Space Museum
香港スペース・ミュージアム [★☆☆]

香港藝術館のすぐ北側、円形のプラネタリウムが目につく香

▲左　半球体の香港太空館。　▲右　大陸へ伸びる鉄道の起点だった前九廣鐵路鐘樓

港太空館。館内には天文学、宇宙開発やロボット工学の展示はじめ、プラネタリウムや無重力体験装置なども備えている。

香港藝術館 Hong Kong Museum of Art
香港ミュージアム・オブ・アート　[★☆☆]

中国の陶磁器や玉などの古い宝物や書道から、現代美術まで幅広い展示が見られる香港藝術館。その収蔵数は1万5000以上におよび、香港の現代美術家の講演などのイベントも行なわれている。

CHINA
香港

星光大道
Aveneu of Stars アヴェニュー・オブ・スターズ [★★☆]

ヴィクトリア・ハーバーに沿うように敷かれた星光大道。対岸にそびえる香港島の摩天楼が望め、夜には光と音楽による幻彩詠香江（シンフォニー・オブ・ライツ）が楽しめる。またこの通りでは香港映画の監督や俳優の手形が見られるほか、ブルース・リーの像も立つ。

▲左　香港映画人の銅像が立つ星光大道。　▲右　２階建てのバスがゆく香港の光景

廣東道 Canton Rd 広東ロード［★★☆］

九龍半島の西側を天星碼頭から北に向かって走る廣東道。高級ブランド店やブティックが多数入る巨大ショッピング・モールがならぶ。

1881Heritage1881Heritage1881 ヘリテージ［★☆☆］

1881Heritage は尖沙咀の先端部に立つファッション、レストラン、ホテルからなる複合施設。1881 年に建てられたコロニアル建築が利用されていることから、この名前がつけられている。

▲左　廣東道西の埠頭から珠江デルタ各地への船が出ている。　▲右　高級ブランド店がならぶ廣東道、洗練された街並みが続く

尖東 Tsim Sha Tsui East チムトン [★☆☆]

尖沙咀の東にあることから尖東（尖沙咀東）と呼ばれる九龍半島先端の東側エリア。巨大商業施設、高級ホテルが立つ。

尖沙咀海濱平花園 Tsimshatsui Waterfront Promenade
チムサアチョイ・ウォーター・フロント・プロムナード [★☆☆]

尖東駅から紅磡に向かって海岸に沿って走る尖沙咀海濱平花園。ヴィクトリア・ハーバーからの潮風が吹き、香港島にそびえる高層ビル群の眺めもよい。

【MEMO】

Guide,
Nathan Road
彌敦道
城市案内

尖沙咀から北に向かって
まっすぐ伸びるネイザン・ロード
人、看板、車などが絶え間なく行き交う通り

彌敦道 Nathan Road ネイザン・ロード ［★★★］

九龍半島先端の尖沙咀から、油麻地、旺角をへて界限街までの3.8kmを南北に走るネイザン・ロード（界限街は九龍と新界との境だった）。尖沙咀から続くこの通りは、24時間人通りが絶えず、まぶしいネオンが光ることから、「黄金の1マイル」と言われてきた。尖沙咀から通りを北に進むと、徐々に雑踏や喧騒感があふれ出し、香港人の生活が息づく油麻地、旺角などの街へ移っていく。

【地図】彌敦道ネイザン・ロード

【地図】彌敦道ネイザン・ロードの［★★★］
- ☐ 彌敦道 Nathan Road ネイザン・ロード
- ☐ 重慶大廈 Chungking Mansions チョンキンマンション
- ☐ 尖沙咀 Tsim Sha Tsui チムサアチョイ

【地図】彌敦道ネイザン・ロードの［★★☆］
- ☐ 諾士佛臺 Knutsford Terrace ナッツフォード・テラス
- ☐ 香港半島酒店 The Peninsula ザ・ペニンシュラ
- ☐ 天星碼頭 Star Ferry Pier スターフェリー・ピア

【地図】彌敦道ネイザン・ロードの［★☆☆］
- ☐ 加連威老道 Granville Road グランビル・ロード
- ☐ 九龍公園 Kowloon Park 九龍パーク
- ☐ 香港文物探知館 Hong Kong Heritage Discovery Centre 香港ヘリテイジ・ディスカヴァリー・センター
- ☐ 前九龍英童學校 Former Kowloon British School 前九龍ブリティッシュ・スクール
- ☐ 聖安德烈堂 St.Andrew's Church 聖アンドリューズ教会
- ☐ 九龍清真寺 Mosque 九龍モスク
- ☐ 佐敦 Jordan ジョーダン
- ☐ 1881Heritage 1881Heritage 1881 ヘリテージ
- ☐ 尖東 Tsim Sha Tsui East チムトン

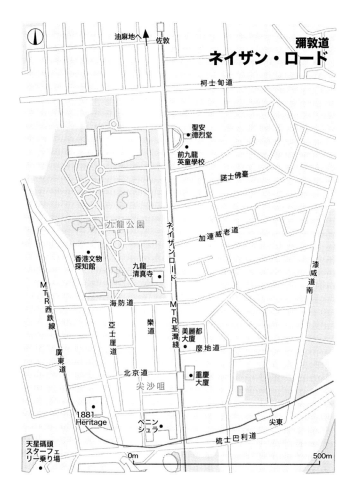

【地図】重慶大厦

【地図】重慶大厦の ［★★★］
- ☐ 重慶大厦 Chungking Mansions チョンキンマンション
- ☐ 彌敦道 Nathan Road ネイザン・ロード

重慶大廈

Tsimshatsui 彌敦道城市案内

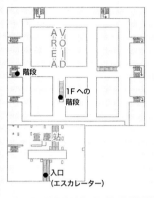

2F

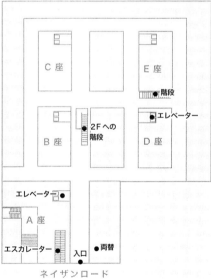

1F

CHINA
香港

▲左　夜遅くまで絶えることのない人。　▲右　ネイザン・ロードは九龍半島を南北につらぬく大動脈

ネイザン・ロードの歴史

ネイザン・ロードの建設は、新界の租借が決まった1898年にはじまり、1904年に整備拡張された。当初はロビンソン・ロードと呼ばれていたが、香港島でその道路名がすでに使われていたことから、1909年に香港総督サーマシュー・ネイザンの名前をとって、ネイザン・ロードと名づけられた。この道路が完成した当時の九龍半島には、イギリスの軍営地と小さな市街があるに過ぎなかったため、「大きすぎる」「不要の長物」といった評価を受けていた。

【MEMO】

CHINA
香港

重慶大廈 Chungking Mansions チョンキンマンション[★★★]

重慶大廈は、ネイザン・ロードに面する尖沙咀の一等地に立つ17階建ての雑居ビル。1970年代ごろから、香港から大陸に向かって旅行する旅人が集まるようになり、現在は安宿、両替店やビデオショップ、インド系の宝石店、カレー屋がならび、香港のなかでも独特の空間となっている(香港映画『恋する惑星（重慶森林)』の舞台にもなった。またすぐ北側の美麗都大廈も、重慶大廈同様に安宿が入居することで知られる)。重慶大廈北側に走る通りのモディ（麼地道）という名前は、この地域を開発したインド人実業家に由来する。

▲左 極彩色のネオンで彩られた重慶大廈。　▲右　九龍公園は都会のオアシス

加連威老道 Granville Road グランビル・ロード ［★☆☆］

九龍公園の東側、ネイザン・ロードから奥に入った加連威老道。地元香港人向けの洋服店、雑貨店などがならぶ。

諾士佛臺
Knutsford Terrace ナッツフォード・テラス ［★★☆］

ネイザン・ロードから奥に入り、諾士佛階（ナッツフォード・ステップス）をのぼったところを走る諾士佛臺。イタリアンやフレンチといった高級料理店やバーが集まり、夜になれば香港人や西欧人などでにぎわいを見せる。

九龍公園 Kowloon Park 九龍パーク ［★☆☆］

九龍半島の街なかにあって、人々の憩いの場となっている九龍公園。緑豊かな園内には、鳥湖を中心に文物探知館や功夫閣、香港の彫刻家の作品がならぶ彫刻の道などがあるほか、フラミンゴやカモの群れも見られる。ここにはイギリスの軍用地がおかれていたが、1970年に公園として整備され、1989年にジョッキー・クラブの出資で現在の姿となった。

▲左　ヴィクトリア様式の建物、聖安德烈堂。　▲右　かつてイギリス人子弟が通った前九龍英童學校

香港文物探知館 Hong Kong Heritage Discovery Centre
香港ヘリテイジ・ディスカヴァリー・センター ［★☆☆］

九龍公園内に位置する香港文物探知館。20世紀初頭に建てられたイギリス軍の兵舎が改装され、博物館として利用されている。香港や華南の歴史や文化をたどることができ、香港在住の芸術家の作品、広東オペラにまつわる展示も見られる。

前九龍英童學校 Former Kowloon British School
前九龍ブリティッシュ・スクール ［★☆☆］

九龍公園の向かいに立つ前九龍英童學校。イギリス本国か

ら香港に派遣されたイギリス人子弟のために建てられ、1902年に開校した。赤レンガのヴィクトリア様式をもつ建物は、植民地時代の雰囲気を今に伝える。

聖安德烈堂
St.Andrew's Church 聖アンドリューズ教会 [★☆☆]
前九龍英童學校のそばに立つ聖安德烈堂。香港で暮らすイギリス人が礼拝できるよう、1905年、イギリス聖公会の教会として建てられた。赤レンガの外観が印象的で、前九龍英童學校とともに香港の歴史を感じさせる。

▲左 イスラム教徒の礼拝堂、九龍清真寺。　▲右 イギリスにも敢然と立ち向かった林則徐、中国東莞にて

九龍清真寺 Moseque 九龍モスク [★☆☆]

九龍清真寺は、九龍公園横に立つ香港最大のイスラム教寺院（モスク）。白色の建物の四隅にミナレットがそびえ、白大理石のドームが載る。イギリス軍に所属するイスラム教徒のインド人兵士のために、1896年に建てられた、1974年に改築されて今にいたる。礼拝に訪れるイスラム教徒の姿が見られ、最大で3500人を収容するという（清真は中国語でイスラム教を指す言葉で、豚肉を使わない清真料理店の看板などにも使われている）。

CHINA
香港

佐敦 Jordan ジョーダン ［★☆☆］

尖沙咀からネイザン・ロードに沿って北に歩き、九龍公園を過ぎたところに位置する佐敦。佐敦界隈から香港らしい猥雑な雰囲気になり、ここから北に歩くと新填地街や廟街などのにぎやかな通りが走り、油麻地へと続く。

林維喜とアヘン戦争

香港がイギリスに割譲される前の1839年7月、尖沙咀には小さな漁村があり、酒に酔っぱらったイギリス人水夫が、この村の住人である林維喜を殺害してしまった。当時、アヘ

ンとり締まりのために広州に赴任していた僕差大臣の林則徐は、国際法に照らしあわせたうえで、イギリス側の責任者チャールズ・エリオットに犯人の引き渡しを要求。イギリス側はその要求に応じなかったため、林則徐はマカオ（珠江をはさんで香港と対岸にあり、当時、唯一の西欧の拠点だった）を武力で封鎖し、イギリスへの食料、飲料、燃料の供給を断った。両国の関係は悪化し、1840年、やがてアヘン戦争へと突入することになった。

Guide,
Yau Ma Tei
油麻地
城市案内

尖沙咀の北に位置する油麻地
廟街、上海街、新填地街などの通りでは
香港庶民の暮らしぶりが感じられる

油麻地 Yau Ma Tei ヤウマティ ［★★★］

廟街や新填地街といった香港でも有名な市場、屋台を出す店などが集まる油麻地。香港庶民の息づかいが感じられる通りが何本も走り、その両脇にはびっしりと住宅がならんでいる。油麻地という名前は、19世紀にイギリスが香港島を獲得したころ、この地で「ゴマ油に使うゴマ（胡麻）」が栽培されていたことに由来する。香港島に続いて1860年、九龍がイギリスに割譲されると、仕事を求める中国人が住み着き、街が形成されるようになった。以来、油麻地では多くの人が生活を営み、香港らしさが残る街として知られている。

【地図】ヤウマティ油麻地 の ［★★★］
- ☐ 油麻地 Yau Ma Tei ヤウマティ
- ☐ 彌敦道 Nathan Road ネイザン・ロード
- ☐ 旺角 Mong Kok モンコック

【地図】ヤウマティ油麻地 の ［★★☆］
- ☐ 男人街（廟街）Temple Street テンプル・ストリート
- ☐ 天后廟 Tin Hau Miu ティンハンミュウ
- ☐ 玉器市場 Jade Market ジェイド・マーケット
- ☐ 上海街 Shanghai Street 上海ストリート
- ☐ 女人街（通菜街）Lady's Market レディス・マーケット

【地図】ヤウマティ油麻地の ［★☆☆］
- ☐ 新填地街 Reclamation Street リクラメーション・ストリート
- ☐ 東華三院文物館 Tung Wah Museum チュンワー・ミュージアム
- ☐ 佐敦 Jordan ジョーダン
- ☐ 朗豪坊 Langham Place ランガム・プレイス

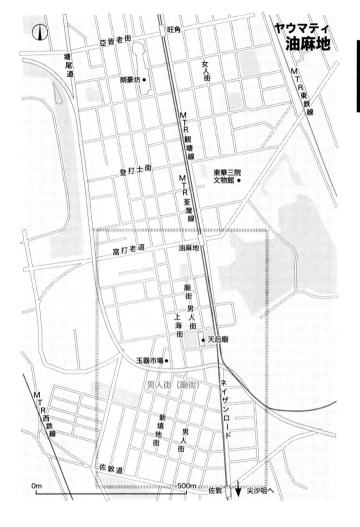

Tsimshatsui 油麻地城市案内

ヤウマティ
油麻地

【地図】男人街（廟街）

【地図】男人街（廟街）の [★★★]
- [ ] 油麻地 Yau Ma Tei ヤウマティ
- [ ] 彌敦道 Nathan Road ネイザン・ロード

【地図】男人街（廟街）の [★★☆]
- [ ] 男人街（廟街）Temple Street テンプル・ストリート
- [ ] 天后廟 Tin Hau Miu ティンハンミュウ
- [ ] 玉器市場 Jade Market ジェイド・マーケット
- [ ] 上海街 Shanghai Street 上海ストリート

【地図】男人街（廟街）の [★☆☆]
- [ ] 新填地街 Reclamation Street リクラメーション・ストリート
- [ ] 佐敦 Jordan ジョーダン

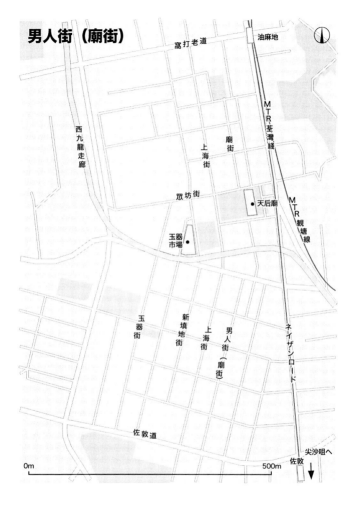

▲左　麺と海産物、香港料理はとにかく多彩。　▲右　香港人の生活ぶりが見える油麻地

男人街（廟街）Temple Street テンプル・ストリート［★★☆］

「海の守り神」をまつる天后廟の門前町として発展してきた男人街（廟街）。各種雑貨を扱う露店や風水師や占い師が出るナイト・マーケットが知られ、多くの人でにぎわいを見せる。軒先にならぶ売りものに、男性向け商品が多いことから男人街という別名をもつ。

天后廟 Tin Hau Miu ティンハンミュウ［★★☆］

香港には「海の守り神」媽祖をまつる廟が50以上あり、油麻地の天后廟はそのなかで最大の規模をもつ。この廟の歴史

【MEMO】

CHINA
香港

は 1865 年にさかのぼり、もともと海辺に近い場所にあったが、九龍半島の海岸が埋め立てられ、開発が進むなかで現在の位置に移された。廟内には線香の匂いが立ちこめている。

天后とは

香港はじめマカオ、広東省、福建省、台湾など東アジアの海岸地帯で広く信仰されている天后（媽祖）。この天后は宋の時代、福建省莆田湄洲島に実在した巫女のことで、死後も海の遭難から漁師を救うといった霊験をあらわし、信仰を集めるようになった。当時、媽祖は地元の郷土神に過ぎなかった

▲左　天后廟の内部線香の香りが立ちこめる。　▲右　緑色の瓦でふかれた天后廟

が、宋、元、明と海の交易が盛んになるに連れて、「海の守り神」としての性格を強めていき、歴代王朝から冊封されることで、ついには天后の位を獲得した（地位があがり、天の后にまでなった）。この「海の守り神」という性格が、福建省や広東省の華僑に信仰されたため、彼らの渡海とともに世界中に広がり、現在では世界中に4000とも5000とも言われる媽祖廟があるという。

玉器市場 Jade Market ジェイド・マーケット［★★☆］

指輪、ネックレス、ブレスレッドなど各種ヒスイ商品を扱うジェイド・マーケット（ヒスイ市場）。香港では、ヒスイは魔よけになると信じられていて、長寿、健康を願って身につける習慣がある（宗教が弾圧された経緯のある中国本土と違って、香港では風水など中国古来の伝統が残る）。美しい緑色をした高品質のものから、手頃なものまでさまざまな種類のヒスイが売られている。

▲左　煲仔飯は廟街の名物料理。　▲右　ヒスイのアクセサリーがならぶ玉器市場

上海街 Shanghai Street 上海ストリート［★★☆］

佐敦から油麻地、旺角へ南北に伸びる上海街。上海街は九龍市街に人々が暮らしはじめたときからにぎわっていた通りで、漢方薬を扱う店、衣服、冠婚葬祭用礼服、調理器具や金物など生活に根ざした品々を扱う店が多い。小さなスペースをぬうようにして看板がいくつも道路に突き出していて、繁体字で書かれた漢字が目に入る。

CHINA
香港

新填地街 Reclamation Street
リクラメーション・ストリート［★☆☆］

新填地街は、廟街、上海街と並行して走る油麻地の代表的な通り。かつては、ここから西が海岸線であり、埋め立てられて新填地街（「埋め立て地」を意味する）が形成された。肉や野菜などの食材店、周囲には包丁や中華鍋などキッチン用品を扱う店のほか、この通りのフルーツ・マーケットでは、パパイヤ、マンゴーなど南国の特産品が売られている。

▲左　香港でもっとも伝統ある病院に立つ東華三院文物館。　▲右　天后廟界隈は夜遅くまで人通りが絶えない

東華三院文物館
Tung Wah Museum チュンワー・ミュージアム ［★☆☆］

廣華病院の敷地内にある東華三院文物館。もともと東華医院は、1827年に上環で設立され、中国人貧困層に医療をほどこすなどの活動を行なっていた。20世紀になって九龍半島の開発が進むと、こちらにも病院が建てられ、その伝統は今でも続いている。東華三院文物館には、香港黎明期からの歩みをもつ東華医院の歴史を写真や文物で紹介してある。1971年に開館した。

**Guide,
Mong Kok**

旺角
城市案内

油麻地の北に位置する旺角
尖沙咀あたりの洗練された雰囲気はなく
人とものであふれかえっている

旺角 Mong Kok モンコック［★★★］

ネイザン・ロードの両側にぎっしりと立つ黒ずんだビル、そこから通りにせり出す大きな看板、そこを行き交う人々の熱気を感じられる旺角。尖沙咀から見て北に位置するこの界隈には、中国大陸で混乱があるたびに難民が流入し、そのたびに人口が増え続けたという歴史があり、旺角は香港でも有数（世界でも有数）の人口密度の高い場所となっている。夜になると、赤、黄、緑に彩られたけばけばしいネオン、活気づく屋台や露店の様子が見られる。

【地図】モンコック旺角

【地図】モンコック旺角の [★★★]
- ☐ 旺角 Mong Kok モンコック
- ☐ 油麻地 Yau Ma Tei ヤウマティ
- ☐ 彌敦道 Nathan Road ネイザン・ロード

【地図】モンコック旺角の [★★☆]
- ☐ 女人街（通菜街）Lady's Market レディス・マーケット
- ☐ 上海街 Shanghai Street 上海ストリート

【地図】モンコック旺角の [★☆☆]
- ☐ 朗豪坊 Langham Place ランガム・プレイス
- ☐ 金魚街 Goldfish Market ゴールド・フィッシュ・マーケット
- ☐ 花園街 Fa Yuen Street Market 花園ストリート・マーケット
- ☐ 花墟道 Flower Market Road フラワー・マーケット・ロード
- ☐ 雀鳥花園 Yuen Po Street Bird Market バード・マーケット
- ☐ 太子道 Prince Edward Road プリンス・エドワード通り
- ☐ 東華三院文物館 Tung Wah Museum チュンワー・ミュージアム

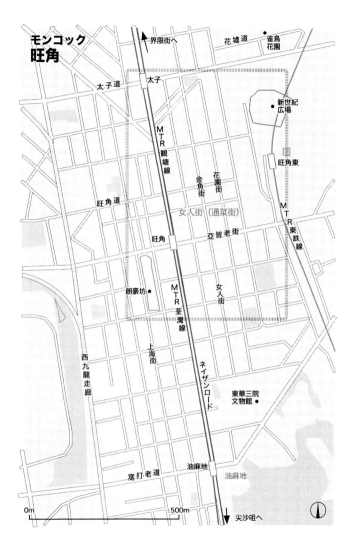

【地図】女人街（通菜街）

【地図】女人街（通菜街）の [★★★]
- ☐ 旺角 Mong Kok モンコック
- ☐ 彌敦道 Nathan Road ネイザン・ロード

【地図】女人街（通菜街）の [★★☆]
- ☐ 女人街（通菜街）Lady's Market レディス・マーケット

【地図】女人街（通菜街）の [★☆☆]
- ☐ 朗豪坊 Langham Place ランガム・プレイス
- ☐ 金魚街 Goldfish Market ゴールド・フィッシュ・マーケット
- ☐ 花園街 Fa Yuen Street Market 花園ストリート・マーケット
- ☐ 太子道 Prince Edward Road プリンス・エドワード通り

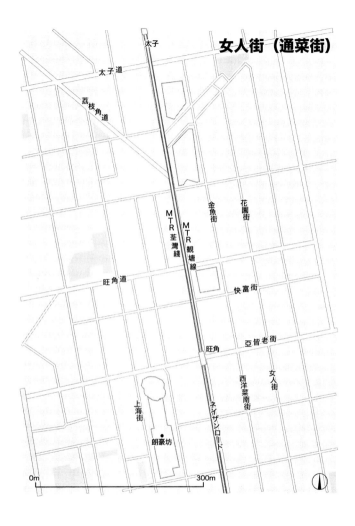

▲左　旺角北の界限街、ここまでが最初期のイギリス領だった。　▲右　女人街（通菜街）のにぎわい

朗豪坊 Langham Place ランガム・プレイス ［★☆☆］

朗豪坊は旺角西側の駅前に立つ超高層の複合商業施設。下層部はショッピング・モールとなっているほか、オフィスやホテルも入居している。モール内をつらぬく長いエスカレーターがあり、大胆に空間がつくられている。

女人街（通菜街）
Lady's Market レディス・マーケット ［★★☆］

細い路地に露店がならぶ女人街は、旺角でもっとも華やかな通り。女性向けの衣服や下着、雑貨やアクセサリーが売られ

【MEMO】

ていることから、女人街という名前がつけられた。夜になると多くの人が出てきて、にぎわいは深夜まで続く。

金魚街 Goldfish Market
ゴールド・フィッシュ・マーケット［★☆☆］

さまざまな品種の金魚が売られている金魚街。「魚」と「余」の発音が似ていることから、香港では「金魚」は「金余（お金が余る）」と考えられている。そのため金魚を飼うことは縁起がよく、商売繁盛につながると信じられている。

▲左　奥にランガム・プレイスが見える旺角界隈のネイザン・ロード。　▲右　ずらりとカバンがならぶ女人街にて

花園街 Fa Yuen Street Market
花園ストリート・マーケット ［★☆☆］

衣料品や下着、文房具、スポーツ用品などを扱う店がならぶ花園街（またスニーカー街とも呼ばれる）。細い路地には香港らしい下町のたたずまいが残っている。

花墟道 Flower Market Road
フラワー・マーケット・ロード ［★☆☆］

色とりどりの花が軒先にならぶ花墟道。牡丹や水仙など香港人に人気が高い品種が見られ、なかでもバウヒニアは香港を

CHINA
香港

象徴する花として知られる。とくに旧正月前の大晦日は、花を求める多くの人でにぎわう。

雀鳥花園 Yuen Po Street Bird Market
バード・マーケット ［★☆☆］

ペット用の鳥やそのえさを売る店が数十店舗ひしめく雀鳥花園。中国では鳥の鳴き声を競わせることが、古くから行なわれてきた。この通りは、もともと駅の西側にあったが、20世紀末になってこちらの場所へ移転された。

▲左　南国特産の花も見られる花墟道。　▲右　雀鳥花園では小鳥のさえずりが聴こえてくる

太子道
Prince Edward Road プリンス・エドワード通り［★☆☆］

旺角の北を東西に走り、九龍半島の東と西を結ぶ大動脈となっている太子道。通りの名前は、1922年に香港に立ち寄ったエドワード王子にちなんでつけられた。

界限街 Boundary Street バウンダリー・ストリート［★☆☆］

イギリス領時代、九龍と新界の境となっていた界限街（東西に走るこの通りで、九龍と新界はわかれた）。1860年の北京条約で九龍がイギリスに割譲されると、ここがイギリス（香

CHINA
香港

港)と中国(清朝)との国境になった。その後の1898年、界限街以北(新界)も99年間の租借がされたため、この通りの北側もイギリス領となった。

Guide, West Kowloon
西九龍城市案内

かつて海だった西九龍の地は埋め立てが進み
ランタオ島の空港と市街を結ぶ機場快綫が走る
また高さ490mを誇る環球貿易廣場がそびえている

西九龍 West Kowloon ウエスト・クーロン [★☆☆]

佐敦や油麻地の西側エリアは、香港黎明期にはヴィクトリア・ハーバーの一部だったところで、20世紀の終わりになって大幅に埋め立てが進んだ(19世紀には油麻地の新填地街あたりが海岸線だったという)。埠頭、倉庫街がならぶ地域だったが、ランタオ島沖の香港国際空港の建設とともに、機場快綫の九龍駅が整備されるなど、高層ビルや巨大ショッピング・センターが建つようになった。

西九龍城市案内 | Tsimshatsui

変わる海岸線

開発する土地の限られた香港では、絶え間なく湾岸の埋め立てが行なわれてきた。埋め立ては、イギリスが拠点をおいた香港島北岸からはじまったが、やがて九龍半島に拡大し、20世紀なかばからは新界の入江が埋め立てられ、沙田、屯門といったニュータウンも出現した。九龍半島先端部の尖沙咀の東西も埋め立てが進み、もとの海岸線の面影はなくなっている。

【地図】ウエストクーロン九龍（西九龍）

【地図】ウエストクーロン九龍（西九龍）の［★★★］
- [ ] 環球貿易廣場 International Commerce Centre インターナショナル・コマース・センター（スカイ100）
- [ ] 尖沙咀 Tsim Sha Tsui チムサアチョイ
- [ ] 油麻地 Yau Ma Tei ヤウマティ
- [ ] 旺角 Mong Kok モンコック

【地図】ウエストクーロン九龍（西九龍）の［★★☆］
- [ ] 天星碼頭 Star Ferry Pier スターフェリー・ピア

【地図】ウエストクーロン九龍（西九龍）の［★☆☆］
- [ ] 西九龍 West Kowloon ウエスト・クーロン
- [ ] 大角嘴 Tai Kok Tsui タイコクツィ
- [ ] 西九龍海濱長廊 West Kowloon Waterfront Promenade 西九龍ウォーターフロントプロムナード
- [ ] 九龍公園 Kowloon Park 九龍パーク
- [ ] 佐敦 Jordan ジョーダン

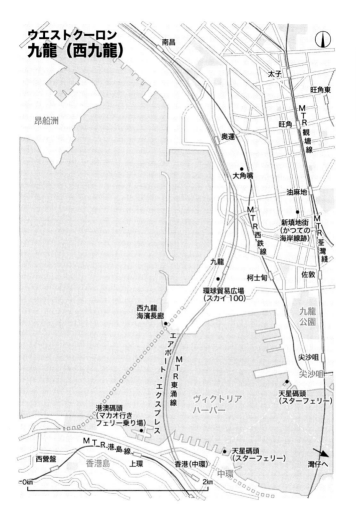

▲左 高層ビルがならぶ西九龍。　▲右　ヴィクトリア・ピークから見た環球貿易廣場

環球貿易廣場 International Commerce Centre
インターナショナル・コマース・センター(スカイ100)[★★★]

高さ490m、118階建ての環球貿易廣場は、オフィス、ホテル、ショッピング・モールからなる複合商業施設で、西九龍のランドマークになっている。この100階部分（高さ393m）に展望台スカイ100が備えられ、香港の景色を360度見渡すことができる。ランタオ島沖の香港国際空港と香港市街部を結ぶ機場快綫の九龍駅の上部に立つ。

【MEMO】

CHINA
香港

大角嘴 Tai Kok Tsui タイコクツィ [★☆☆]

旺角と奥運駅とのあいだに位置する大角嘴。大角嘴という地名は、「大きな岬のクチバシ」という意味で、このあたりは1890年ごろから埋め立てが進んだ。奥運(オリンピック)駅は、1996年のアトランタ・オリンピックで香港選手が金メダルをとったことにちなんでつけられた。

▲左　折りたたみ傘の自動販売機が見られた。　▲右　機場快綫の九龍駅、空港とのアクセスはよい

西九龍海濱長廊 West Kowloon Waterfront Promenade
西九龍ウォーターフロントプロムナード［★☆☆］

西九龍海濱長廊は、九龍半島の南西端に整備された公園。ヴィクトリア・ハーバー対岸にある香港島の景色が映え、目の前に摩天楼が広がる。

【MEMO】

Guide, Hung Hom
紅磡城市案内

尖沙咀の東部に位置する紅磡
ここには中国広東省の深圳、東莞、広州へと続く
九廣鐵路の紅磡（九龍）駅が位置する

紅磡 Hung Hom ホンハム ［★★☆］

紅磡は、九廣鐵路紅磡（九龍）駅の東側に広がる地域で、古くは九龍半島先端東部の岬だった。19世紀から埋め立てがはじまり、造船場とセメント工場のある工業地域といった性格をもつようになった。20世紀後半、九龍半島市街部や香港島に近い立地から注目を集め、次々に新しい建物が建てられて現在にいたる。また紅磡碼頭から出ているフェリーと海底隧道（海底トンネル）が九龍と対岸の香港島とを結んでいる。

【地図】ホンハム紅磡

【地図】ホンハム紅磡の [★★★]
- ☐ 尖沙咀 Tsim Sha Tsui チムサアチョイ
- ☐ 油麻地 Yau Ma Tei ヤウマティ

【地図】ホンハム紅磡の [★★☆]
- ☐ 紅磡 Hung Hom ホンハム

【地図】ホンハム紅磡の [★☆☆]
- ☐ 九廣鐵路紅磡站 Kowloon Canton Railway Hung Hom Staition 九広鉄路ホンハム駅
- ☐ 香港體育館 Hong Kong Coliseum 香港コロシアム
- ☐ 香港科學館 Hong Kong Science Museum 香港科学博物館
- ☐ 香港歷史博物館 Hong Kong Museum of History ホンコンリッシボッマッグン
- ☐ 黃埔花園 Whampoa Garden ワンポワ・ガーデン
- ☐ 尖東 Tsim Sha Tsui East チムトン

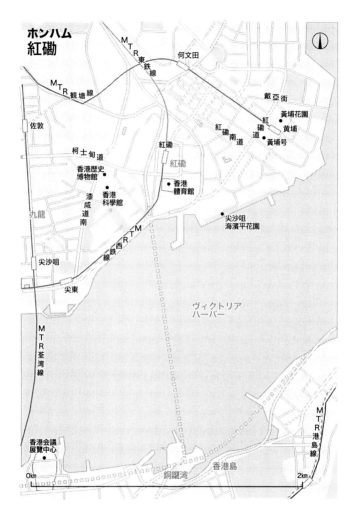

CHINA
香港

九廣鐵路紅磡站 Kowloon Canton Railway Hung Hom Staition
九広鉄路ホンハム駅 ［★☆☆］

尖沙咀と紅磡のあいだに位置する紅磡駅。ここから中国広東省の深圳、東莞、広州方面へ向かう九廣鐵路、東鐵綫の始発となっているほか、新界西部へ続く西鐵綫の起点にもなっている。九龍駅と表記されることもあるが、半島西側を走る機場快綫の九龍駅に対して、こちらは紅磡駅と区別して呼ばれるようになった。

▲左　20世紀後半から再開発が進んだ紅磡。　▲右　紅磡は深圳や東莞、広州への起点にもなる

香港體育館 Hong Kong Coliseum 香港コロシアム [★☆☆]

紅磡駅に隣接し、逆ピラミッド型の外観が印象的な香港體育館。香港コロシアムの名前で知られ、コンサートやスポーツの試合など各種イベントが行なわれている。

香港科學館
Hong Kong Science Museum 香港科学博物館 [★☆☆]

紅磡駅の近くに立つ香港科學館。尖沙咀にある藝術館や文化中心、歷史博物館などともに香港を代表する博物館で、コンピュータ、ロボット、エネルギーなど科学に関する展示が見

られる。博物館北には香港理工大学が位置する。

香港歴史博物館 Hong Kong Museum of History
ホンコンリッシボッマッグン [★☆☆]

漁村が点在する黎明期の香港から、イギリスの植民地時代へといたる香港の歴史が紹介された香港歴史博物館。その収蔵は10万点におよび、古くから香港に暮らしていた原住民の風俗や文化が紹介され、水上生活者の船の展示などが興味をひく。またアヘン戦争ののち、イギリスの植民都市として発展していく様子、第二次大戦中に日本軍に占領されていた時

▲左　九廣鐵路が香港九龍と広東省広州を結ぶ。　▲右　逆ピラミッドのたたずまいをもつ香港體育館

代のもの、香港の金融に関する展示など幅広い内容が見られる。この博物館はもともと九龍公園にあったが、こちらに移転された。

黄埔花園 Whampoa Garden ワンポワ・ガーデン [★☆☆]

紅磡の中心に位置する黄埔花園。高層ビル群の上層が住宅、下層にレストランやショッピング・モールが入り、近くの黄埔新天地もふくめてニュータウンをつくっている。黄埔という名前は、この地にあった造船所名からとられている。

CHINA
香港

土瓜灣 To Kwa Wan トクゥワン [★☆☆]

紅磡の北に位置する土瓜灣。地名に灣が残っているように、埋め立て以前は港があった。高層住宅や商業施設のあいだに、昔ながらの個人商店が残っている。

世界最高峰の「食都」

CHINA
香港

「食の都」香港では広東料理はじめ
北京料理、上海料理、四川料理など
屋台から高級レストランまで多彩な食が味わえる

飲茶

茶を飲みながら、各種点心をつまむ飲茶は、香港や広州などで見られる中国南方を代表する食文化。麺や餃子、焼売、焼餅、饅頭、お粥など1000種類以上もの点心があると言われ、鉄観音茶や鳳凰茶、龍井茶、普洱茶など好みの茶にあわせて食事をとる。茶楼では朝から長時間にわたって飲茶を楽しめ、こうした飲茶は人々の社交場としての役割も果たしている。

Tsimshatsui 世界最高峰の「食都」

広東料理

中国南方で発達した広東料理は、中国四大料理のひとつで、新鮮さが何よりも重視され、素材を生かしたあっさりとした味つけを特徴とする。とくに「飛ぶものは飛行機以外、4本足のものは机以外食べる」と言われるほど、多種多様の食材をさまざまな調理法でしあげる。また「山珍海味飛潜動植」という言葉に代表されるように、豚や鶏はもちろん、ヘビやタヌキ、トカゲや犬などの材料も駆使される。香港ではこの広東料理のほかに、燕の巣やフカヒレ、アワビ、ナマコなどの海鮮を甘く味つけして食べる潮州料理(福建省に近く海に

CHINA
香港

面した潮州の料理)、古い時代の中原の味を伝えていると言われ、素朴な風味の客家料理（客家は古い時代、中原から南方へ移動してきた。塩分は高めで、油を多く使う）も味わえる。

北京・上海・四川料理

広大な中国では、地域によって主食や収穫されるものが異なるため、それぞれに特徴的な地域料理があり、広東料理はじめ、北京料理、上海料理、四川料理が中国四大料理となっている。北京烤鴨（北京ダック）や羊のしゃぶしゃぶ涮羊肉などで知られる北京料理、エビの強火炒め油爆蝦や上海蟹、上

▲左　街角では食欲をさそう、香りが立つ。　▲右　広東料理では食材の新鮮さが重視される

海名物のおやつ小龍包や生煎饅頭などで知られる上海料理、麻婆豆腐や回鍋肉など唐辛子や山椒、豆板醤など多彩な調味料で食材を調理する四川料理など、香港では中国各地の料理が楽しめる。

香港でお茶をたしなむ

お茶は中国南部で育まれたもので、世界中のお茶は中国茶からはじまっている。香港では、普洱茶（プーアル茶）、ジャスミン茶、白牡丹、鉄観音、鳳凰水仙など、数百とも数千とも言われる多彩な中国茶のほか、本場イギリス式の紅茶（中

CHINA
香港

国の茶が逆輸入された）も味わえる。また香港では、広東省東部の潮州や汕頭、そこに隣接する福建省南部の厦門、漳州などで発達した独特の喫茶法、工夫茶を見ることができる（香港にも多く暮らす潮州人の茶飲みは有名で、茶で家財を滅ぼすとまで言われるほど、茶が生活に浸透している）。

Tsimshatsui

世界最高峰の「食都」

参考文献

『香港』（中嶋嶺雄 / 時事通信社）

『アジア二都物語』（岩崎育夫 / 中央公論社）

『香港』（村松伸 / 東方書店）

『現代中国文化探検』（藤井省三 / 岩波書店）

『中国の歴史9　海と帝国』（上田信 / 講談社）

『新中国料理大全』（中山時子 / 小学館）

『世界大百科事典』（平凡社）

［PDF］香港空港案内 http://machigotopub.com/pdf/hongkongairport.pdf

［PDF］香港MTR（地下鉄）路線図 http://machigotopub.com/pdf/hongkongmetro.pdf

［PDF］地下鉄で「香港めぐり」 http://machigotopub.com/pdf/metrowalkhongkong.pdf

［PDF］香港トラム路線図 http://machigotopub.com/pdf/hongkongtram.pdf

［PDF］香港軽鉄路線図 http://machigotopub.com/pdf/hongkonglrt.pdf

まちごとパブリッシングの旅行ガイド
Machigoto INDIA , Machigoto ASIA , Machigoto CHINA

【北インド - まちごとインド】

001 はじめての北インド
002 はじめてのデリー
003 オールド・デリー
004 ニュー・デリー
005 南デリー
012 アーグラ
013 ファテープル・シークリー
014 バラナシ
015 サールナート
022 カージュラホ
032 アムリトサル

【西インド - まちごとインド】

001 はじめてのラジャスタン
002 ジャイプル
003 ジョードプル
004 ジャイサルメール
005 ウダイプル
006 アジメール（プシュカル）
007 ビカネール
008 シェカワティ
011 はじめてのマハラシュトラ
012 ムンバイ
013 プネー
014 アウランガバード
015 エローラ
016 アジャンタ
021 はじめてのグジャラート
022 アーメダバード
023 ヴァドダラー（チャンパネール）
024 ブジ（カッチ地方）

【東インド - まちごとインド】

002 コルカタ
012 ブッダガヤ

【南インド - まちごとインド】

001 はじめてのタミルナードゥ
002 チェンナイ
003 カーンチプラム
004 マハーバリプラム
005 タンジャヴール
006 クンバコナムとカーヴェリー・デルタ
007 ティルチラパッリ
008 マドゥライ
009 ラーメシュワラム
010 カニャークマリ
021 はじめてのケーララ
022 ティルヴァナンタプラム
023 バックウォーター（コッラム〜アラップーザ）
024 コーチ（コーチン）
025 トリシュール

【ネパール - まちごとアジア】

001 はじめてのカトマンズ
002 カトマンズ
003 スワヤンブナート

004 パタン
005 バクタプル
006 ポカラ
007 ルンビニ
008 チトワン国立公園

【バングラデシュ - まちごとアジア】

001 はじめてのバングラデシュ
002 ダッカ
003 バゲルハット（クルナ）
004 シュンドルボン
005 プティア
006 モハスタン（ボグラ）
007 パハルプール

【パキスタン - まちごとアジア】

002 フンザ
003 ギルギット（KKH）
004 ラホール
005 ハラッパ
006 ムルタン

【イラン - まちごとアジア】

001 はじめてのイラン
002 テヘラン
003 イスファハン
004 シーラーズ
005 ペルセポリス
006 パサルガダエ（ナグシェ・ロスタム）
007 ヤズド
008 チョガ・ザンビル（アフヴァーズ）
009 タブリーズ

010 アルダビール

【北京 - まちごとチャイナ】

001 はじめての北京
002 故宮（天安門広場）
003 胡同と旧皇城
004 天壇と旧崇文区
005 瑠璃廠と旧宣武区
006 王府井と市街東部
007 北京動物園と市街西部
008 頤和園と西山
009 盧溝橋と周口店
010 万里の長城と明十三陵

【天津 - まちごとチャイナ】

001 はじめての天津
002 天津市街
003 浜海新区と市街南部
004 薊県と清東陵

【上海 - まちごとチャイナ】

001 はじめての上海
002 浦東新区
003 外灘と南京東路
004 淮海路と市街西部
005 虹口と市街北部
006 上海郊外（龍華・七宝・松江・嘉定）
007 水郷地帯（朱家角・周荘・同里・角直）

【河北省 - まちごとチャイナ】

001 はじめての河北省
002 石家荘
003 秦皇島
004 承徳
005 張家口
006 保定
007 邯鄲

【江蘇省 - まちごとチャイナ】

001 はじめての江蘇省
002 はじめての蘇州
003 蘇州旧城
004 蘇州郊外と開発区
005 無錫
006 揚州
007 鎮江
008 はじめての南京
009 南京旧城
010 南京紫金山と下関
011 雨花台と南京郊外・開発区
012 徐州

【浙江省 - まちごとチャイナ】

001 はじめての浙江省
002 はじめての杭州
003 西湖と山林杭州
004 杭州旧城と開発区
005 紹興
006 はじめての寧波
007 寧波旧城
008 寧波郊外と開発区
009 普陀山
010 天台山
011 温州

【福建省 - まちごとチャイナ】

001 はじめての福建省
002 はじめての福州
003 福州旧城
004 福州郊外と開発区
005 武夷山
006 泉州
007 廈門
008 客家土楼

【広東省 - まちごとチャイナ】

001 はじめての広東省
002 はじめての広州
003 広州古城
004 天河と広州郊外
005 深圳（深セン）
006 東莞
007 開平（江門）
008 韶関
009 はじめての潮汕
010 潮州
011 汕頭

【遼寧省 - まちごとチャイナ】

001 はじめての遼寧省
002 はじめての大連
003 大連市街
004 旅順
005 金州新区

006 はじめての瀋陽
007 瀋陽故宮と旧市街
008 瀋陽駅と市街地
009 北陵と瀋陽郊外
010 撫順

【重慶 - まちごとチャイナ】

001 はじめての重慶
002 重慶市街
003 三峡下り（重慶〜宜昌）
004 大足

【香港 - まちごとチャイナ】

001 はじめての香港
002 中環と香港島北岸
003 上環と香港島南岸
004 尖沙咀と九龍市街
005 九龍城と九龍郊外
006 新界
007 ランタオ島と島嶼部

【マカオ - まちごとチャイナ】

001 はじめてのマカオ
002 セナド広場とマカオ中心部
003 媽閣廟とマカオ半島南部
004 東望洋山とマカオ半島北部
005 新口岸とタイパ・コロアン

【Juo-Mujin（電子書籍のみ）】

Juo-Mujin 香港縦横無尽
Juo-Mujin 北京縦横無尽
Juo-Mujin 上海縦横無尽

【自力旅游中国 Tabisuru CHINA】

001 バスに揺られて「自力で長城」
002 バスに揺られて「自力で石家荘」
003 バスに揺られて「自力で承徳」
004 船に揺られて「自力で普陀山」
005 バスに揺られて「自力で天台山」
006 バスに揺られて「自力で秦皇島」
007 バスに揺られて「自力で張家口」
008 バスに揺られて「自力で邯鄲」
009 バスに揺られて「自力で保定」
010 バスに揺られて「自力で清東陵」
011 バスに揺られて「自力で潮州」
012 バスに揺られて「自力で汕頭」
013 バスに揺られて「自力で温州」

【車輪はつばさ】
南インドのアイラヴァテシュワラ寺院には建築本体に車輪がついていて寺院に乗った神さまが人びとの想いを運ぶと言います。

- 本書はオンデマンド印刷で作成されています。
- 本書の内容に関するご意見、お問い合わせは、発行元のまちごとパブリッシング info@machigotopub.com までお願いします。

まちごとチャイナ
香港004尖沙咀と九龍市街
～ネイザン・ロードと「不夜城」[モノクロノートブック版]

2017年11月14日　発行

著　者	「アジア城市（まち）案内」制作委員会
発行者	赤松　耕次
発行所	まちごとパブリッシング株式会社 〒181-0013　東京都三鷹市下連雀4-4-36 URL http://www.machigotopub.com/
発売元	株式会社デジタルパブリッシングサービス 〒162-0812　東京都新宿区西五軒町11-13 清水ビル3F
印刷・製本	株式会社デジタルパブリッシングサービス URL http://www.d-pub.co.jp/

MP106

ISBN978-4-86143-240-8 C0326　　　Printed in Japan
本書の無断複製複写(コピー)は、著作権法上での例外を除き、禁じられています。